AI 얼굴 인식과 보안

인공지능총서

인공지능 시대입니다. 기계가 인간의 인지를 대신하고, 사물이 인간을 통하지 않고 다른 사물과 직접 커뮤니케이션합니다. 이에 따른 인간 삶과 문명 변화를 정확히 이해·예측·대응하는 것은 이 시대 우리 모두의 과제입니다. 인공지능총서는 인공지능 기술과 환경의 여러 주제를 10가지 키워드로 정리합니다. 관련 개념과 이론, 학계와 산업계의 쟁점, 우리 일상의 변화를 다룹니다. 인간과 기술의 현재, 미래를 세심히 분석합니다.

일러두기

- 인명, 작품명, 저서명, 개념어 등은 한글과 함께 괄호 안에 해당 국가의 원어를 병기했습니다.
- 외래어 표기는 현행 어문규정의 외래어표기법을 따랐습니다.

처음이세요?

전문가세요?

AI 얼굴 인식과 보안

유영순

대한민국, 서울, 커뮤니케이션북스, 2025

AI 얼굴 인식과 보안

지은이 유영준
펴낸이 박영률

초판 1쇄 펴낸날 2025년 5월 15일

커뮤니케이션북스(주)
출판 등록 2007년 8월 17일 제313-2007-000166호
02880 서울시 성북구 성북로 5-11
전화(02) 7474 001, 팩스(02) 736 5047
commbooks@commbooks.com
www.commbooks.com

ISBN 979-11-430-0122-1 03500

책값은 뒤표지에 표시되어 있습니다.

차례

얼굴 인식 기술, 가능성과 책임의 갈림길에서 vii

01 얼굴 인식 기술의 개요 1

02 얼굴 인식 기술의 작동 원리 5

03 얼굴 데이터 세트 23

04 얼굴 인식과 출입 관리 31

05 얼굴 인식과 eCommerce 41

06 보안 위협과 취약점 49

07 얼굴 인식과 개인 정보 보호 63

08 얼굴 인식 기술과 AI 편향 69

09 윤리적 딜레마와 사회적 영향 75

10 얼굴 인식 기술의 미래 전망 81

얼굴 인식 기술, 가능성과 책임의 갈림길에서

얼굴 인식 기술은 디지털 시대에 혁신적인 변화를 이끄는 인공지능 기술 중 하나로, 우리의 일상과 산업 전반에 빠르게 스며들고 있다. 이 기술은 사람의 얼굴을 인식하고 분석하는 알고리즘을 활용해 보안, 마케팅, 금융 서비스 등 다양한 분야에서 획기적인 설루션을 제공한다. 스마트폰 잠금 해제에서부터 공항 보안 시스템, 법 집행, 스마트 시티에 이르기까지 얼굴 인식은 그 쓰임새가 점점 더 확장되고 있다.

그러나 이러한 빠른 발전과 보급은 새로운 기회뿐만 아니라 심각한 윤리적, 사회적 도전도 가져온다. 얼굴 인식 기술이 우리의 프라이버시를 침해할 위험성, 인공지능 알고리즘에서 발생할 수 있는 편향과 차별 문제, 그리고 법적 규제의 필요성 등은 여전히 논의가 활발히 진행되는 주제다. 기술이 제공하는 이점과 그로 인한 책임을 균형 있게 이해하고 다루는 것이 필수적인 이유다.

이 저서는 얼굴 인식 기술의 개요와 원리에서 시작해, 다양한 응용 사례와 함께 기술의 이점과 한계, 윤리적 논쟁, 사회적 영향까지를 다루며 독자들이 이 기술에 대한 폭넓은 이해를 얻을 수 있도록 구성했다. 얼굴 인식 기술이 어떻게 발전해 왔고, 현재 어디에 있으며, 앞으로 어떻게 변화할지에 대한 통찰을 제공하고자 한다. 여러분이 이 기술에 대해 비판적이고도 창의적인 시각을 가지게 되길 바란다.

01
얼굴 인식 기술의 개요

얼굴 인식 기술은 다양한 AI 기술 중 어떠한 기술을 활용하는 것일까? 얼굴 인식 기술의 기본적인 개요와 함께 구성되는 세부 기술 요소들에 대해 살펴보도록 한다.

AI와 1인 창업?

두 얼굴의 유사성 찾기

두 개의 얼굴 사진이 있다고 가정해 보자. 이때 우리는 AI(Artificial Intelligence) 모델을 활용하여 두 얼굴이 얼마나 닮았는지, 혹은 닮지 않았는지를 점수로 표현할 수 있을까? 얼굴 인식 기술에 대한 가장 간단한 설명은 바로 이러한 개념을 기반으로 한다. 즉, 얼굴 인식 모델은 두 얼굴 간의 유사도를 측정하고, 이를 정량적인 점수로 나타내는 방식으로 작동한다. 가령 동일한 인물의 얼굴이라면 1점에 가깝고, 완전히 다른 사람이라면 0점에 가까운 값을 부여하는 시스템을 생각할 수 있다.

이러한 방식으로 얼굴 간의 유사도를 평가할 수 있다면, 우리는 해당 AI 모델을 얼굴 인식을 위한 핵심 기술로 활용할 수 있을 것이다. 그러나 현실적으로 이러한 AI 모델을 제작하는 것은 결코 간단한 일이 아니다. 사람의 얼굴은 하루 동안에도 여러 가지 변화를 겪는다. 헤어스타일이 달라질 수도 있고, 안경이나 마스크 같은 액세서리를 착용할 수도 있으며, 조명 환경이나 촬영 각도에 따라 얼굴이 전혀 다르게 보일 수도 있다. 심지어 같은 사람이라도 화장을 하기 전과 후의 얼굴은 상당한 차이를 보일 수 있다.

얼굴 인식 모델의 특성

따라서 얼굴 인식 모델은 단순히 정적인 얼굴 비교를 수행하는 것이 아니라, 이러한 변화를 고려하고도 동일 인물을 정확하게 인식할 수 있도록 학습되어야 한다. 이러한 어려움을 극복하기 위해 얼굴 인식 모델은 몇 가지 중요한 특성을 갖추어야 한다.

첫째, 동일한 인물의 얼굴일수록 높은 유사도 점수를 부여하는 것이 핵심이다. 단순히 동일한 이미지에서 같은 점수를 부여하는 것이 아니라, 다양한 환경에서 촬영된 동일 인물의 얼굴을 안정적으로 식별할 수 있어야 한다.

둘째, 유사한 정도를 평가할 때 조명, 표정, 각도 등의 변화에도 크게 영향을 받지 않는 안정적인 특징을 학습해야 한다.

마지막으로, 모델이 일반화 성능을 갖추어야 하며, 특정 환경에서만 동작하는 것이 아니라 다양한 조건에서도 일관된 성능을 유지해야 한다.

이러한 요구 사항을 충족하기 위해 다양한 얼굴 인식 모델들이 개발되고 있으며, 다음 장에서는 이러한 모델들이 어떤 원리로 작동하는지, 그리고 최신 얼굴 인식 기술이 어떻게 발전하고 있는지를 살펴보도록 한다.

02
얼굴 인식 기술의 작동 원리

얼굴 인식 기술은 결국 두 얼굴이 얼마나 유사한지(동일 인물인지 아닌지)를 점수화하여 나타내는 기술이다. 이러한 기술의 구현을 위하여 어떠한 세부 기술들이 필요한지를 알아보도록 한다.

AI와 MBTI?

얼굴 이미지를 벡터로 변환하기

기술적으로 얼굴 간의 유사도를 계산하는 가장 중요한 작업 중 하나는 얼굴 이미지를 고정된 차원의 벡터로 변환하는 것이다. 이를 임베딩(Embedding) 과정이라고 하며, 얼굴 인식 AI 모델에서는 일반적으로 입력된 얼굴 이미지를 128차원, 256차원 또는 512차원과 같은 고차원 벡터로 변환하는 네트워크를 사용한다.

예를 들어, 우리가 얼굴 이미지를 512차원의 벡터로 변환하는 모델을 가지고 있다고 가정해 보자. 이 벡터는 각 얼굴의 고유한 특징을 숫자로 표현한 값이다. 모델은 같은 사람의 얼굴이라면 이 벡터들이 서로 가까운 값들을 가지도록, 다른 사람이라면 멀어지도록 학습된다. 얼굴 간의 유사도를 측정하기 위해 가장 많이 사용하는 방법 중 하나가 코사인 유사도(Cosine Similarity)다. 코사인 유사도는 두 벡터의 방향이 얼마나 일치하는지를 측정하는 방식으로, 두 벡터를 단위 벡터로 정규화한 후 내적(Inner product)을 계산하여 유사도를 얻는다.

코사인 유사도 값은 -1에서 1 사이의 범위를 가지며, 값이 1에 가까울수록 두 벡터가 유사하다는 것을 의미한다. 얼굴 인식의 경우, 동일한 사람의 얼굴이라면 벡터 간의 거리가 작아지고 코사인 유사도가 1에 가까워지며,

다른 사람이라면 거리가 멀어지고 유사도가 0 또는 -1에 가까운 값을 가진다. 이러한 기법을 활용하면 AI 모델이 얼굴 이미지 간의 유사도를 효과적으로 측정할 수 있으며, 이를 기반으로 신뢰성 높은 얼굴 인식 시스템을 설계할 수 있다.

얼굴 인식의 응용 분야는 다양하지만, 기술적인 측면에서 얼굴 인식 문제는 크게 두 가지로 나눌 수 있다. 첫 번째는 얼굴 검증(Face Verification) 문제로, 두 얼굴 이미지가 동일한 인물인지 아닌지를 판별하는 과정이다. 예를 들어, 스마트폰에서 얼굴을 인식하여 본인 여부를 확인하는 것이 얼굴 검증의 대표적인 사례다. 두 번째는 얼굴 식별(Face Identification) 문제로, 새로 입력된 얼굴이 사전에 등록된 얼굴 데이터베이스 중 어떤 사람과 가장 닮았는지를 찾는 과정이다. 일반적으로 미리 등록된 얼굴 이미지들의 집합을 갤러리(Gallery)라고 부르는데, 얼굴 식별은 새로운 얼굴이 갤러리 내에서 가장 유사한 얼굴과 매칭되는 방식으로 작동한다.

얼굴 검증과 얼굴 식별은 모두 같은 얼굴 임베딩 기술을 기반으로 하지만, 실제 활용되는 방식에는 차이가 있다. 얼굴 검증은 비교 대상이 두 개의 얼굴 이미지로 고정되지만, 얼굴 식별은 여러 개의 갤러리 이미지와 비교해야 하기 때문에 속도와 정확도를 최적화하는 다양한 추가 기술이 필요하다. 예를 들어, 회사 빌딩의 얼굴 인식 출입 시스템은 새로운 방문자의 얼굴을 기존 데이터베이스와 비교하여 가장 유사한 직원을 찾아내야 하므로, 얼굴 식별 문제에 해당한다.

이제까지 살펴본 얼굴 인식의 핵심 개념과 원리를 바탕으로, 다음 장에서는 얼굴 인식 기술이 실제로 어떤 방식으로 구현되는지, 그리고 다양한 산업에서 어떻게 활용되고 있는지를 좀 더 구체적으로 탐구해 보겠다.

얼굴 이미지의 특성

얼굴 인식 방법을 더 깊이 다루기 전에, 우리가 처리하는 얼굴 데이터의 특성을 이해할 필요가 있다. 이를 설명하기 위해, 서로 다른 침팬지들의 얼굴을 모아 놓은 이미지를 떠올려 보자. 우리는 이 침팬지들의 얼굴을 갤러리 데이터 세트(Dataset)로 사용하여, 새롭게 동물원에 들어온 침팬지가 기존 사진 속에 있는 개체인지, 혹은 사진에 없는 새로운 개체인지 구분할 수 있을까? 이는 단순한 분류 문제와는 다르며, 아주 세밀한 차이를 찾아야 하는 문제다.

마찬가지로, 만약 외계인이 처음으로 인간의 얼굴을

접하게 되었다고 가정해 보자. 그들에게는 모든 인간의 얼굴이 비슷하게 보일 수 있으며, 개별적인 차이를 구별하는 것이 어려울 것이다. 이는 얼굴 인식이 단순한 객체 분류 문제와는 다른 세밀한 인식(Fine-grained Recognition) 문제임을 의미한다. 일반적인 이미지 분류 문제에서는 고양이, 개, 비행기와 같은 서로 다른 대상을 구별하는 것이 핵심이지만, 얼굴 인식에서는 같은 범주의 객체(즉, 인간의 얼굴) 내에서 개별적인 차이를 찾아내야 한다.

실제로 얼굴은 대부분 두 개의 눈, 하나의 코, 하나의 입을 가지고 있으며, 일반적으로 두 개의 귀도 존재한다. 이러한 특성은 일반적인 이미지 데이터 세트, 특히 대규모 객체 분류 데이터 세트와는 상당히 다른 특성을 지닌다. 예를 들어, 이미지넷(ImageNet) 데이터 세트와 비교하면 그 차이가 더욱 명확해진다. 이미지넷은 1000개 이상의 다양한 객체를 포함하며, 각 클래스 간의 차이가 비교적 명확하다. 반면, 얼굴 데이터 세트는 같은 범주의 이미지(즉, 인간의 얼굴) 안에서 작은 차이를 구별해야 하므로, 더 높은 차원의 표현이 필요하다.

그렇다면, 이러한 좁은 특성을 가진 얼굴 데이터를 효과적으로 표현하기 위해 몇 차원의 공간이 필요할까? 이

점에 대해서는 특정 차원의 벡터 표현만으로도 얼굴 이미지를 분석하는 데 충분하다는 것을 기존의 연구에서 이론적으로 입증한 바 있다. 예를 들어, 딥 러닝(Deep Learning) 기반 얼굴 인식 모델들은 일반적으로 128차원, 256차원 또는 512차원의 얼굴 임베딩 벡터를 사용하여 얼굴의 특징을 표현한다. 이러한 벡터 공간에서 두 얼굴 간의 거리 또는 유사도를 측정함으로써 얼굴이 동일 인물인지 아닌지를 판별할 수 있다.

이러한 특성 덕분에 얼굴 인식 기술은 다른 AI 기반 인식 문제들보다 상대적으로 높은 성능을 보여 왔다. 예를 들어, 1000개 이상의 카테고리를 포함하는 객체 분류 문제에서는 최고 성능이 90% 정도의 정확도를 기록하는 반면, 얼굴 인식 문제에서는 99% 이상의 높은 정확도를 보이는 것이 일반적이다. 이는 얼굴 인식이 AI 기반 영상 인식 분야에서 가장 먼저 상용화될 수 있었던 중요한 이유 중 하나다.

또한, 얼굴 인식 기술이 AI 기반 생성 모델과 함께 발전해 온 이유도 여기에 있다. 놀랍게도, 10개의 카테고리를 가진 CIFAR-10(32×32 해상도의 작은 이미지 데이터 세트)에서 객체를 정확하게 생성하는 것은, 128×128 해상도의 얼굴 이미지를 생성하는 것보다 더 어려운 것으로 알려져 있다. 이는 얼굴 이미지가 특정 패턴을 가지며 상대적으로 규칙적인 데이터 구조를 갖고 있기 때문이다. 이러한 특성 덕분에 얼굴 생성 및 변형 기술(Face GAN, DeepFake 등)이 다른 객체 생성 기술보다 빠르게 발전할 수 있었다.

결과적으로, 얼굴 인식 분야는 AI 기술 중에서도 특히 높은 성능과 실용성을 자랑하며, 오늘날 보안, 금융, 소셜 미디어, 스마트 디바이스 등 다양한 산업 분야에서 핵심 기술로 자리 잡고 있다. 다음 장에서는 이러한 얼굴 인식 모델들이 실제로 어떻게 설계되고 구현되는지, 그리고 최신 얼굴 인식 기술이 어떤 방식으로 발전하고 있는지를 심도 있게 탐구해 보겠다.

얼굴 인식 과정

얼굴 이미지 검출은 딥 러닝이 상용화되기 이전부터 오랫동안 연구되어 온 컴퓨터 비전 분야 중 하나다. 초기 얼굴 검출 기술은 특징 기반(Classical Feature-based) 방법론을 중심으로 발전해 왔으며, 이후 딥 러닝 기반 모델들이 등장하면서 획기적인 성능 향상이 이루어졌다.

기본적인 얼굴 이미지 검출 알고리즘은 크게 네 가지의 과정을 거친다. 첫 번째 단계는 얼굴 검출(Face

Detection) 단계로, 입력 이미지에서 얼굴이 존재하는 영역을 찾아내는 과정이다. 두 번째는 특징점 추출(Keypoint Detection) 단계로, 눈, 코, 입 등의 주요 얼굴 특징점들을 식별하는 과정이다. 세 번째는 얼굴 정렬(Face Alignment) 단계로, 특징점을 활용하여 얼굴을 표준적인 형태로 정렬하는 과정이다. 마지막으로 네 번째 단계는 벡터화(Feature Embedding) 과정으로, 정렬된 얼굴을 고정된 차원의 벡터로 변환하여 인식 시스템에서 활용할 수 있도록 한다.

이 네 가지 과정 중, 세 번째 단계인 얼굴 정렬 과정을 제외하면 대부분의 과정에서 딥 러닝 모델이 적용되면서 성능이 비약적으로 향상되었다. 특히 합성곱 신경망(CNN, Convolutional Neural Networks)과 트랜스포머(Transformer) 기반 모델의 도입으로, 얼굴 검출의 정확성과 속도가 획기적으로 개선되었다.

이제 각 과정 중 가장 첫 번째 단계인 얼굴 검출 모델에 대해 자세히 살펴보도록 하겠다.

얼굴 검출 과정

얼굴, 혹은 물체 검출은 영상 처리에서 가장 기본적인 문제 중 하나로, 딥 러닝이 등장하기 전부터 다양한 알고리즘이 제안되고 상용화되어 왔다. 특히, 특정 물체군(Class)을 설정하고, 해당 물체의 위치를 바운딩 박스(Bounding Box) 형태로 찾은 뒤, 해당 박스 내의 물체가 어떤 종류인지 분류하는 기술은 오랜 연구를 거쳐 딥 러닝 기반 물체 검출의 핵심 요소로 자리 잡았다. 현대의 얼굴 검출 모델 역시 이러한 일반 물체 검출 모델을 기반으로 하되, 얼굴의 특성을 반영하여 최적화된 형태로 발전해 왔다.

그렇다면 일반적인 물체와 비교할 때 얼굴은 어떤 특성을 가지고 있을까? 우선, 얼굴 검출에서는 얼굴인지 아닌지를 판단하는 이진 분류(Binary Classification)가 핵심이며, 물체 검출처럼 다양한 카테고리(Class)를 구분하는 과정이 불필요하다. 두 번째로, 얼굴의 가로세로 비율(Aspect ratio)이 일정한 범위를 유지하는 경향이 있다. 세 번째로, 얼굴은 헤어스타일, 마스크, 선글라스 등의 가림 현상(Occlusion)이 발생할 가능성이 높으며, 네 번째로, 같은 이미지 내에서도 얼굴 크기가 매우 다양한 멀티 스케일(Multi-scale) 문제가 있다.

이러한 특성에도 불구하고, 최신 얼굴 검출 모델은 매우 높은 정확도를 보이며, '1000 Selfie'와 같은 벤치마크 테스트에서는 920개 이상의 얼굴을 정확히 검출하는 성능을 보여 주고 있다. 현대 얼굴 검출 모델이 이러한 높은 성능을 달성할 수 있었던 이유를 살펴보면, 두 가지 핵심 기술이 있다. 앵커 박스(Anchor Box)와 컨볼루션 네트워크(Convolutional Network)다.

대부분의 최신 얼굴 검출 모델은 합성곱 신경망(CNN)을 기반으로 설계된다. 이미지가 입력되면 CNN은 여러 개의 특징 맵(Feature Map)을 생성하는데, 이 과정에서 원본 이미지의 크기는 점진적으로 줄어들며, 각 단계마다 크기가 감소한다. 일반적으로 신경망의 층을 거칠 때마다 이미지 크기는 절반으로 줄어들며, 이 과정에서 고유한 특징들이 추출된다.

이때 생성되는 각 특징 맵의 픽셀(Feature Map의 한 점)은 원본 이미지에서 특정 영역(일반적으로 사각형)에 해당하며, 네트워크의 깊이가 깊어질수록 더 넓은 영역을 담당하게 된다. 최신 얼굴 검출 모델은 이러한 특징 맵들에서 앵커 박스를 정의하여, 특정 영역에 얼굴이 존재하는지를 판단한다.

앵커 박스는 얼굴이 있을 것으로 예상되는 크기와 위치를 미리 정해 놓은 박스 세트로, 모델은 학습을 통해 해당 박스가 얼굴을 포함하는지 여부를 예측하고, 필요할 경우 바운딩 박스를 수정하는 방법을 학습한다. 이러한 방법은 대표적인 물체 검출 모델인 YOLO(You Only Look Once), SSD(Single Shot MultiBox Detector) 등의 기법을 차용한 것이다. 다만, 얼굴 검출 모델은 일반적인 물체 검출 모델과 달리 얼굴을 검출하는 데 최적화된 구조를 가지고 있다.

특기할 점은 얼굴 검출 모델은 일반적인 물체 검출 모델보다 훨씬 높은 정확도를 보인다는 것이다. 예를 들어, 대표적인 객체 검출 모델의 성능을 평가하는 공식 지표인 mAP(Mean Average Precision)를 기준으로 보면, 일반적인 물체 검출 모델은 50~60% 수준의 정확도를 보이는 반면, 얼굴 검출 모델은 90% 이상의 높은 mAP 값을 기록하고 있다.

이러한 성능 차이는 앞서 설명한 얼굴 이미지의 특성과 깊은 관련이 있다. 일반적인 물체 검출의 경우, 물체의 형태, 크기, 가로세로 비율이 매우 다양하고, 배경과의 구분이 어려운 경우가 많다. 반면, 얼굴은 대부분 눈, 코, 입으로 구성된 비교적 정형화된 구조이며, 형태적 규칙성이 강하다. 심지어 최신 얼굴 검출 모델은 너무 높은 정확도를 가지고 있어, 티셔츠에 프린트된 캐리커처 이미지조차 얼굴로 인식하는 사례가 발생하기도 한다.

최신 얼굴 검출 모델은 검출된 얼굴을 바운딩 박스로

감싸고, 이를 잘라내기(Crop) 과정을 거쳐 얼굴 인식(Face Recognition)에 필요한 벡터로 변환하는 방식으로 작동한다. 이 과정에서 얼굴 정렬 기술이 함께 사용되며, 이를 통해 얼굴 인식 모델이 더 정확한 비교를 수행할 수 있도록 한다.

얼굴 정렬 과정

우리는 앞선 과정들을 통해 이미지 내의 얼굴을 검출하였으며, 이 얼굴들은 다양한 각도(완전히 뒤를 돌아보지 않는다는 가정하에), 액세서리(안경, 선글라스) 등 부분적으로 얼굴을 가리는 다양한 조건을 포함하고 있을 것이다. 우리의 목표는 이러한 얼굴들을 정해진 차원의 벡터로 변환한 뒤, 벡터 간의 코사인 유사도를 측정하여 얼굴 유사도를 0~1 사이의 값으로 정규화하는 것이다. 그러나 이 과정에서 성능을 높이는 데 매우 중요한 중간 단계가 존재하는데, 그것은 바로 얼굴의 정렬 과정이다.

얼굴 정렬은 눈, 코, 입 등의 특징점이 서로 다른 얼굴에서도 일관된 위치를 유지하도록 정리하는 과정이다. 정렬 과정이 없다면, 동일한 인물이라도 촬영 각도, 조명, 표정 등에 따라 얼굴 임베딩 벡터가 크게 변할 수 있기 때문에 얼굴 인식 모델의 정확도에 부정적인 영향을 미칠 수 있다. 특히, 옆모습과 같은 극단적인 경우에는 정렬에 한계가 존재하지만, 가능한 한 눈, 코, 입의 위치를 최대한 동일하게 맞추는 과정은 데이터의 불필요한 다양성을 줄이고(Feature Normalization), 벡터화 과정의 신뢰도를 높이는 효과를 갖는다(Deng, et al., 2019).

이 작업을 위해 우리는 일반적으로 양쪽 눈, 코, 그리고 양쪽 입가에서 다섯 개의 특징점을 찾아낸다. 이 다섯 개의 점을 기반으로 선형 변환(Linear Transformation) 행렬을 찾아 얼굴을 일정한 형태로 정렬할 수 있다. 이를 통해 다양한 얼굴을 눈, 코, 입의 위치가 같아지도록 정렬하며, 최종적으로는 크기가 동일한 반명함판(Uniform ID Image) 형태로 변환된다.

과거에는 이러한 얼굴 정렬을 위해 별도의 특징점 검출 모델(Facial Landmark Detection Model)을 개발하여 사용했으나, 현대의 얼굴 검출 모델(RetinaFace, MTCNN 등)은 일반적으로 얼굴 검출 과정에서 특징점까지 함께 추출한다(Zhang, et al., 2016; Deng, et al., 2020). 이처럼 얼굴 검출과 동시에 특징점을 제공하는 기술은 얼굴 정렬 과정을 보다 빠르고 정확하게 수행할 수 있도록 하며, 최종적인 얼굴 인식 모델의 성능을 향상하는 중요한 역할을 한다.

얼굴 벡터화 과정

지금까지의 과정을 통해 우리는 이미지에서 잘 정렬된 얼굴 부분을 추출하였다. 이제 남은 과제는 이러한 얼굴을 벡터화(Vectorization)하여 컴퓨터가 쉽게 비교할 수 있는 수치적 표현으로 변환하는 것이다.

과거에는 얼굴 벡터화를 위해서 다양한 전통적인 필터 기반 특징 추출(Feature Extraction) 기법이 사용되었다. 이들은 특정 주파수 필터, 가우시안 블러링, HOG(Histogram of Oriented Gradients) 등의 방법을 계층적으로 조합하여 얼굴의 주요 특징을 뽑아내는 방식이었다. 그러나 이러한 방식은 데이터의 복잡한 변화를 충분히 반영하지 못했으며, 조명, 각도, 표정 변화에 민감하다는 한계가 있었다.

최근의 얼굴 벡터화 과정은 딥 러닝 기반의 이미지 분류 모델(Deep Learning-based Classification Models)의 구조를 차용하고 있다. 최신 이미지 분류 모델은 일반적으로 50~200층 이상의 깊은 CNN 레이어로 구성되며, 마지막 단계에서 일정 차원의 벡터로 변환한 후, 이 벡터를 기반으로 최종 분류 작업이 이루어진다.

이미지 분류 모델은 입력 이미지가 신경망을 거친 후, 최종적으로 정해진 차원의 벡터(Feature Vector)로 출력되며, 이 벡터는 학습된 데이터 세트 내에서 가장 적합한 분류 결과를 반영하도록 학습된다. 학습 과정에서 모델의 출력과 실제 정답(레이블) 사이의 차이를 손실 함수(Loss Function)를 통해 계산하고, 이 손실을 최소화하도록 신경망의 가중치가 업데이트된다. 이 과정에서 이미지의 특징을 가장 잘 반영하는 벡터를 생성할 수 있도록 모델이 최적화된다.

얼굴 벡터화를 위한 학습 과정 역시 기본적으로 이러한 분류기(Classifier)와 유사하다. 다만, 얼굴 인식에서는 각 얼굴의 ID(Identity)가 레이블이 된다. 즉, 각 인물의 얼굴을 하나의 클래스처럼 취급하여 학습을 진행한다. 하지만 일반적인 이미지 분류와 달리, 얼굴 인식에서는 모델이 코사인 유사도를 활용하여 같은 사람의 얼굴 벡터는 서로 가깝게, 다른 사람의 얼굴 벡터는 최대한 멀어지게 학습하도록 설계된다.

이를 위해 기존 분류기의 손실 함수를 수정한 여러 가지 학습 방법이 도입되었다. 대표적인 방법으로는 소프트맥스 로스(Softmax Loss) 기반의 개선된 접근 방식인 스피어페이스(SphereFace)(Liu, et al., 2017), 코스페이스(CosFace)(Wang, et al., 2018), 아크페이스(ArcFace)(Deng, et al., 2019) 등의 기법이 있다. 이러한 방법들은 얼굴 임베딩 벡터가 코사인 공간에서 더 명확한 구분성을 갖도록 조정하여, 얼굴 분류와 식별 과정에서 더욱 높은 정확도를 보장한다.

얼굴 인식 학습 과정에서 또 하나의 중요한 차이점은 데이터의 스케일(Scale)이다. 일반적인 이미지 분류 문제에서는 클래스 수가 많아야 1K(1000개)에서 22K(22000개) 정도에 불과하다. 하지만 얼굴 인식에서는 수백만 명의 개별 ID를 구별해야 하며, 실제로 최대 2M(200만 개) 이상의 개별 ID를 사용하는 등 데이터 스케일에서 큰 차이가 있다. 이러한 얼굴 데이터의 양적 특성은 얼굴 벡터화 모델이 높은 정확도를 유지하는 데 핵심적인 역할을 한다.

이처럼 얼굴 벡터화 과정에서의 데이터 크기와 손실 함수의 설계는 얼굴 인식 성능을 결정하는 중요한 요소이며, 이를 최적화하는 연구가 지속적으로 이루어지고 있다. 다음 장에서는 이러한 데이터 특성이 현대 얼굴 인식 모델의 정확도에 미치는 영향을 보다 자세히 분석해 보도록 한다.

참고문헌

Deng, J., et al.(2019). Arcface: Additive angular margin loss for deep face recognition. *CVPR.*

Deng, J., et al.(2020). Retinaface: Single-stage dense face localisation in the wild. *ArXiv preprint,* arXiv:1905.00641.

Jin, X., et al.(2021). Towards accurate face detection with multi-anchor feature pyramid networks. *NeurIPS.*

Liu, W., et al.(2016). SSD: Single shot multibox detector. *ECCV.*

Liu, W., et al.(2017). Sphereface: Deep hypersphere embedding for face recognition. *CVPR.*

Redmon, J. & Farhadi, A.(2018). YOLOv3: An incremental improvement. *ArXiv preprint,* arXiv:1804.02767.

Viola, P. & Jones, M.(2001). Rapid object detection using a boosted cascade of simple features. *CVPR.*

Wang, H., et al.(2018). Cosface: Large margin cosine loss for deep face recognition. *CVPR.*

Wang, Z., et al.(2021). Learning discriminative anchor points for robust face detection. *ICCV.*

Zhang, K., et al.(2016). Joint face detection and alignment using multitask cascaded convolutional networks(MTCNN). *IEEE signal processing letters,* 23(10), pp.1499-1503.

Zhang, S., et al.(2019). Faceboxes: A CPU real-time face detector with high accuracy. *IJCAI.*

03
얼굴 데이터 세트

얼굴 데이터 세트는 생성형 모델이 등장하기 전까지 가장 큰 이미지 데이터 세트 중 하나였다. 이 데이터 세트는 얼굴 인식의 정확도를 높이는 데 크게 기여했으며, 이는 얼굴 인식 분야의 특성을 정의하는 데 중요한 역할을 하게 되었다. 이 장에서는 얼굴 데이터 세트에 대해 상세하게 다루도록 한다.

AI와 난임 극복?

얼굴 데이터 세트 개요

얼굴 검출과 얼굴 인식 모델의 성능을 극대화하기 위해서는 특정한 목적에 맞춘 데이터 세트 확보가 필수다. 데이터 세트의 품질과 다양성은 모델의 일반화 성능을 결정하는 핵심 요소이며, 이를 통해 현실 세계에서 신뢰할 수 있는 인식 성능을 보장할 수 있다.

얼굴 검출을 위한 대표적인 데이터 세트 중 하나는 와이더 페이스 데이터 세트(WIDER FACE Dataset)다(Yang, et al., 2016). 이 데이터 세트는 다양한 환경에서 촬영된 얼굴 이미지들을 포함하며, 얼굴 크기, 조명, 가림, 각도 등의 조건을 고려해 쉬움(Easy), 중간(Medium), 어려움(Hard)의 난이도로 분류되어 있다. 특히, 어려움 난이도 데이터 세트에는 작은 얼굴이나 심하게 가려진 얼굴, 극단적인 각도로 찍힌 얼굴 이미지들이 포함되어 있어, 모델이 보다 강건한(Face Robust) 성능을 갖도록 학습하는 데 도움을 준다.

와이더 페이스 데이터 세트의 완성도는 매우 높은 수준이며, 현재 공개 및 상용 얼굴 검출 모델들의 성능 평가 및 학습에 폭넓게 활용되고 있다.

얼굴 인식을 위한 기존의 대표적인 데이터 세트를 꼽자면 LFW(Labeled Faces in the Wild)(Huang, et al., 2007)

와 메가페이스(MegaFace)(Kemelmacher-Shlizerman, et al., 2016)가 있다. LFW 데이터 세트는 1만3000개 이상의 얼굴 이미지를 포함하며, 자연스러운(Real-world) 환경에서 촬영된 이미지로 구성되어 있어, 얼굴 인식 모델이 실제 환경에서도 높은 성능을 보일 수 있도록 학습하는 데 사용된다.

그러나 LFW와 같은 데이터 세트는 비교적 작은 규모로 인해 최신 얼굴 인식 모델을 훈련하는 데 한계가 있었다. 이를 극복하기 위해 등장한 데이터 세트가 웹페이스 260M(WebFace 260M)(Zhu, et al., 2021)이다. 웹페이스 260M은 2M(200만 개)의 ID와 260M(2억6천만 개)의 이미지를 포함하는 초대형 데이터 세트로, 이 데이디 세트가 등장하면서 공개(Face Open-source) 모델과 상용(Face Commercial) 모델 간의 성능 격차가 현저히 줄어들었다. 현재 웹페이스 260M을 활용한 모델들은 일부 상용 모델과 비교해도 큰 성능 차이를 보이지 않으며, 연구 커뮤니티에서 폭넓게 사용되고 있다.

얼굴 데이터 세트의 취득

일반적으로 얼굴 인식 데이터 세트는 다양한 ID 리스트를 기반으로 웹에서 얼굴 이미지를 크롤링(Crawling)하여 수집한 후, 정렬(Alignment) 과정을 거쳐 데이터 세트를 구축한다. 그러나 이 과정에서 많은 양의 잘못된 데이터(Noisy Data)가 포함될 가능성이 높다.

특히, 동일한 ID로 잘못된 이미지가 포함되거나, 동일한 인물이라도 화질이나 촬영 환경에 따라 변형이 심한 이미지가 포함될 경우, 모델의 학습 과정에서 코사인 유사도 기반의 벡터 간 거리 계산이 왜곡될 수 있다. 이로 인해 얼굴 인식 모델의 성능이 크게 저하될 수 있으며, 학습 과정에서 불필요한 편향(Bias)을 유발할 위험이 있다(Wang, et al., 2018).

이를 해결하기 위해 최근에는 대규모 데이터를 처리하는 동시에 데이터 정제(Cleaning) 및 노이즈 제거(Noise Reduction) 기법이 함께 적용되고 있다. 이러한 과정이 도입되면서 얼굴 인식 모델의 성능이 급격히 향상되었으며, 데이터의 규모가 커질수록 더욱 높은 성능을 보이는 딥 러닝 모델의 특성(Data Scaling Effect)을 적극적으로 활용할 수 있다.

얼굴 데이터 세트와 법적인 문제

현재 상용화된 얼굴 인식 모델의 측정 정확도는 매우 높은 수준에 도달해 있으며, 100만 명 이상의 대규모 서비스를 운영할 수 있을 정도로 실용성이 입증된 상태다(Schroff, et al., 2015). 그러나 얼굴 인식 시스템은 실제 취득된 얼굴 데이터에 의존하는 특성이 있기 때문에, 개인 정보 보호 규제가 엄격한 유럽 연합(EU) 등 여러 국가에서는 사용이 제한되고 있다(Voigt & Von dem Bussche, 2017).

이러한 법적 제약으로 인해, 얼굴 인식 기술이 지속적으로 발전하기 위해서는 실제 얼굴 데이터에 의존하지 않는 인식 모델을 개발하는 것이 가장 중요한 과제로 떠오르고 있다. 이 문제를 해결하기 위해, 이전부터 언리얼 엔진(Unreal Engine)과 같은 3D 그래픽 툴을 활용하여 인공적으로 생성한 얼굴 데이터 세트를 활용하는 연구가 진행되어 왔다(Wood, et al., 2021). 그러나 3D 모델로 제작한 얼굴은 실제 인간의 얼굴과 상당한 차이를 보이며, 현실적인 다양성이 부족하다는 문제가 있다. 생성형 AI(Generative AI)를 이용하여 생성한 얼굴 데이터를 활용하려는 시도도 있지만, 앞서 논의한 데이터 편향성 문제로 인해 실제 취득한 얼굴 데이터에 비해 다양성이 떨어지는 한계가 있다(Somepalli, et al., 2023). 무엇보다 생성형 모델을 이용한 얼굴 데이터 역시 원본 학습 데이터에서 파생된 것이므로, 개인 정보 보호 문제에서 법적으로 완전히 자유롭다고 보기 어렵다. 따라서, 얼굴 인식 분야에서는 객체의 형태와 상관없는 추상적인 패턴 기반 데이터, 혹은 퍼즐 조각처럼 얼굴의 각 부위를 변형하여 개인 정보 문제를 최소화하는 방식을 연구하는 시도도 진행되고 있다(Deb, et al., 2018).

이러한 연구가 현재 실제 얼굴 데이터를 기반으로 학습한 모델과 비슷한 수준의 성능을 갖추게 되는 시점에, 얼굴 인식 기술은 한층 더 실용성과 확장성을 확보할 수 있을 것으로 기대된다.

참고문헌

Deb, D., et al.(2018). Unconstrained face recognition using synthetic training data. *IJCB.*

Huang, G. B., et al.(2007). Labeled faces in the wild: A database for studying face recognition in unconstrained environments. *University of massachusetts, amherst.*

Kemelmacher-Shlizerman, I., et al.(2016). Megaface: A million faces for recognition at scale. *CVPR.*

Schroff, F., et al.(2015). FaceNet: A unified embedding for face recognition and clustering. *CVPR.*

Somepalli, G., et al.(2023). Can generative models memorize training data? Investigating unintended memorization in deep generative models. *NeurIPS.*

Voigt, P., & Von dem Bussche, A.(2017). *The EU general data protection regulation(GDPR): A practical guide.* Springer.

Wang, F., et al.(2018). Additive margin softmax for face verification. *IEEE signal processing letters.*

Wood, E., et al.(2021). Fake it till you make it: Face analysis in the wild using synthetic data alone. *ICCV.*

Yang, S., et al.(2016). WIDER FACE: A face detection benchmark. *CVPR.*

Zhu, Z., et al.(2021). Webface260M: A benchmark unveiling the power of million-scale deep face recognition. *CVPR.*

04
얼굴 인식과 출입 관리

얼굴 인식 기술은 여러 딥 러닝 모델 중 가장 먼저 상용화되었고, 완성도 또한 상용 기술 중 가장 높은 축에 속한다. 얼굴 인식 기술의 가장 대표적인 응용 분야인 출입 관리에 대해 살펴보도록 한다.

AI와 사주?

얼굴 인식 응용과 정확도

얼굴 인식 기술을 다양한 이용 분야를 가지고 있으며, 응용 분야에 따라 다른 정도의 기술적인 특성을 요구한다. 대표적인 응용 분야인 얼굴 인식을 활용한 게이트 인식 분야를 통해 해당 부분의 어려움과 도전 과제에 대하여 살펴본다.

상황별 얼굴 인식 게이트의 구현

얼굴 인식 기술을 대표적으로 활용하는 분야 중 하나는 게이트 출입 시스템이다. 실제로 인천국제공항을 비롯한 여러 공항에서는 얼굴 인식을 기반으로 한 자동 출입국 심사 시스템을 운영하고 있으며, 네이버(Naver)를 비롯한 대기업들도 사내 출입 관리 시스템에 얼굴 인식 기술을 적용하고 있다(김소은, 2024).

이러한 얼굴 인식 게이트 시스템들 사이에는 사용 범위와 요구되는 정확도에 따라 다양한 기술적 차이가 존재한다. 예를 들어, 50인 이하의 소규모 사업장에서 사용하는 얼굴 인식 게이트와 5000인 이상의 대규모 시설에서 운영되는 얼굴 인식 시스템은 구축 방식과 요구되는 기술 수준에서 큰 차이를 보인다.

소규모 사업장에서는 비용 절감과 설치 편의성이 중

요한 요소로 작용한다. 따라서 얼굴 인식 시스템을 구축할 때 별도의 GPU 서버를 운용하기보다는, 엣지 디바이스(Edge Device)에 얼굴 인식 모델을 탑재하여 독립적으로 운영하는 방식을 많이 사용한다. 이 경우 얼굴 인식 기기 자체에서 얼굴 검출 및 비교가 이루어지므로, 빠른 응답성과 운영 비용 절감을 실현할 수 있다. 또한 서버 연산이 어려운 환경에서는 경량화된 얼굴 벡터화 모델(Lightweight Face Embedding Model)을 활용하여 연산 속도를 높이고 전력 소모를 줄인다. 보안보다는 출입 편의성이 더 중요한 경우, 약간의 오탐지(False Acceptance)를 허용하여 빠른 인증 속도를 우선하는 경향이 있다. 이러한 시스템은 일반적으로 중소규모 기업의 출입 관리, 피트니스 센터, 학원 등에서 활용되며, 사용자 경험(UX)을 최우선으로 고려하여 설계된다.

5000명 이상의 대규모 사업장이나 공공 기관, 공항, 대형 연구소 등의 경우, 얼굴 인식 시스템의 정확도가 매우 중요한 요소로 작용한다. 이 경우에는 서버 기반의 고성능 얼굴 인식 시스템이 필수적으로 요구되며, 충분한 GPU 연산 자원이 뒷받침되어야 한다. 높은 정확도를 요구하는 환경에서는 딥 러닝 기반의 고성능 얼굴 인식 모델을 서버에서 실행하여 출입자를 검증하며, 실시간으로 데이터를 처리할 수 있도록 설계된다.

보안성과 편의성의 균형

얼굴 인식 기술이 다양한 산업에서 활용되면서, 보안성과 편의성 간의 균형을 맞추는 것이 중요한 과제가 되고 있다. 단순한 얼굴 인식만으로는 보안을 완벽하게 유지하기 어렵기 때문에, 이를 보완하기 위한 다양한 보안 강화 기술이 적용되며, 특히 멀티모달 인증(Multi-modal Authentication) 방식이 적극적으로 도입되고 있다(Jain, et al., 2016).

멀티모달 인증은 얼굴 인식과 함께 무선 주파수 인식(RFID), 지문 인식, 비밀번호 입력, 음성 인증 등의 추가 인증 요소를 결합하여 보안성을 강화하는 방식이다(Ross & Jain, 2004). 이러한 다중 인증 방식은 한 가지 인증 방법이 우회되거나 위조될 가능성을 줄이고, 보다 신뢰할 수 있는 보안 환경을 구축하는 데 도움을 준다. 특히 금융 서비스, 공항 보안, 기업 출입 관리 등 높은 보안성이 필요한 분야에서 널리 사용되고 있다(Marasco, et al., 2011).

얼굴 인식 시스템이 대중화되면서 스푸핑 공격

(Spoofing Attack) 역시 더욱 정교해지고 있으며, 이에 대응하기 위한 다양한 기술이 개발되고 있다(Patel, et al., 2016). 대표적인 스푸핑 공격 방식으로는 사진을 이용한 공격, 영상 재생을 통한 공격, 3D 마스크를 활용한 공격 등이 있으며, 이를 방어하기 위해 여러 보안 기술이 적용된다.

적외선(IR) 카메라는 사람의 얼굴에서 방출되는 열 신호를 감지하여, 단순한 사진이나 영상과 실제 인간의 얼굴을 구별하는 데 사용된다(Hernandez-Ortega, et al., 2020). 특히, 은행 ATM이나 고보안 시설에서는 적외선 카메라를 추가하여 사진과 실제 얼굴을 구별하는 기술을 활용하고 있다. 애플(Apple)의 페이스 아이디(Face ID)와 같은 최신 얼굴 인식 기술은 3D 깊이 측정 카메라(Depth Camera)를 활용하여 얼굴의 입체적 구조를 분석하는 방식을 채택하고 있다(Shi & Jain, 2019). 이는 단순한 2D 이미지나 영상과 달리, 얼굴의 깊이 정보를 활용하여 실제 얼굴인지 여부를 판별할 수 있어 스푸핑 공격에 강력한 방어력을 제공한다.

라이브니스 검사(Liveness Detection)는 사용자에게 일정한 동작(예: 눈 깜빡임, 머리 움직임, 미소 짓기 등)을 요구하여, 정적인 이미지나 영상 재생을 이용한 공격을 방어하는 방법이다(Galbally, et al., 2014). 예를 들어, 일부 보안 시스템에서는 사용자가 지시된 방향으로 고개를 돌리거나, 특정한 패턴의 동작을 수행해야만 인증이 완료되도록 설계되어 있다.

COVID-19 팬데믹 기간 동안 마스크 착용이 얼굴 인식 기술의 정확도에 미치는 영향이 중요한 이슈가 되었다(Nguyen, et al., 2021). 기존 얼굴 인식 시스템은 눈, 코, 입의 상대적 위치와 형태를 분석하여 신원을 확인하는 방식이었기 때문에, 마스크 착용 시 얼굴의 특징이 가려져 인식률이 급격히 저하되는 문제가 발생하였다. 이를 해결하기 위해 여러 연구 기관과 기업에서는 마스크 착용 여부를 감지하고, 마스크를 쓴 상태에서도 정확하게 신원을 판별할 수 있도록 딥 러닝 기반 모델을 개선하였다(Damer, et al., 2021). 하지만 마스크를 쓴 상태에서는 기존 모델보다 처리 속도가 느려지고, 인식 정확도가 낮아지는 문제가 여전히 존재한다.

이러한 문제를 해결하기 위해 일부 시스템은 마스크 착용 여부를 감지한 후, 일정한 조건을 충족해야 인증을 완료할 수 있도록 설계되었다. 예를 들어, 일정 거리 내에서 마스크를 잠시 내려야 인증이 가능하도록 하거나, 마스크를 착용한 상태에서도 추가적인 동작을 수행해야 인증이 완료되는 방식이 도입되었다.

얼굴 인식 시스템은 운영하는 환경과 목적에 따라 다양한 기술적 접근 방식이 적용된다. 소규모 환경에서는 비용 절감과 사용 편의성이 우선시되며, 엣지 디바이스 기반의 독립형 시스템이 선호된다(Hadid, et al., 2015). 예를 들어, 기업의 출입 관리 시스템이나 개인용 보안 장치는 서버와의 연동 없이, 로컬 디바이스에서 얼굴 인식을 수행하도록 설계된다. 반면, 대규모 환경에서는 고성능 서버 기반의 얼굴 인식 모델이 활용되며, 추가적인 보안 기능이 강화된다. 예를 들어, 공항 보안 시스템이나 국가 기관의 출입 관리 시스템에서는 고성능 서버와 AI 분석 시스템을 활용하여 대규모 사용자 데이터를 실시간으로 처리하고, 여러 보안 요소(지문, 비밀번호 등)와 결합하는 방식이 적용된다(Bowyer, 2004). 이처럼 얼굴 인식 기술에서는 보안성, 정확도, 편의성의 균형을 맞추는 것이 중요한 과제이며, 시스템이 운영되는 환경과 목적에 따라 서로 다른 기술적 접근 방식이 적용된다. 향후 얼굴 인식 기술이 더욱 발전함에 따라, 보안성과 편의성을 동시에 극대화할 수 있는 새로운 설루션이 지속적으로 개발될 것으로 예상된다.

참고문헌

김소은(2024.3.11.). "이제 내 얼굴이 네이버페이"...경희대에 '페이스사인 결제' 첫 상용화. ≪테크M≫, https://www.techm.kr/news/articleView.html?idxno=121410

Bowyer, K. W.(2004). Face recognition technology: Security versus privacy. *IEEE technology and society magazine.*

Damer, N., et al.(2021). Masked face recognition: Human vs. machine performance. *IEEE transactions on information forensics and security.*

Galbally, J., et al.(2014). Biometric antispoofing methods: A survey in face recognition. *IEEE access.*

Hadid, A., et al.(2015). Biometric systems and applications. *IEEE signal processing magazine.*

Hernandez-Ortega, J., et al.(2020). Biometric presentation attack detection: Beyond the visible spectrum. *IEEE access.*

Jain, A. K., et al.(2016). 50 years of biometric research: Accomplishments, challenges, and opportunities. *Pattern recognition letters.*

Marasco, E., et al.(2011). Combining biometric matchers for improved verification performance. *IEEE transactions on information forensics and security.*

Nguyen, H. D., et al.(2021). Deep learning-based face recognition with mask occlusion. *IEEE transactions on biometrics, behavior, and identity science.*

Patel, K., et al.(2016). Cross-database face antispoofing with robust feature representation. *IEEE transactions on information forensics and security.*

Ross, A., & Jain, A. K.(2004). Multimodal biometrics: An overview. *IEEE signal processing magazine.*

Shi, X. & Jain, A. K.(2019). DocFace+: ID document to selfie matching. *IEEE transactions on biometrics, behavior, and identity science.*

05
얼굴 인식과 eCommerce

얼굴 인식 기술은 최근의 비대면 결제 기술의 발달과 더불어 어디에서나 볼 수 있는, 현실 속에 적용이 된 프로젝트로 자리매김하였다. 얼굴 인식을 통한 결제 시스템의 상세에 대해 소개하도록 한다.

AI와 아이돌?

얼굴 인식을 활용한 인증 기술의 확대

얼굴 인식을 활용한 결제 및 인증 기술은 현재 카카오(Kakao), 라인 페이페이(Line-PayPay), 토스(Toss) 등의 다양한 금융 및 IT 기업에서 도입하고 있으며, 점차 그 활용 범위를 넓혀 가고 있다. 이러한 시스템의 요구 사항은 단순한 출입 관리 시스템과는 근본적으로 다르다. 출입 관리 시스템에서는 상대적으로 빠른 인증 속도와 사용자 편의성이 우선시되는 반면, 결제 및 인증 시스템에서는 매우 높은 수준의 정확도와 보안성이 최우선적 고려 사항이다(Jain, et al., 2016).

국내뿐만 아니라 글로벌 시장에서도 얼굴 인식 결제 기술의 채택이 빠르게 증가하고 있다. 중국의 알리페이(Alipay)와 위챗페이(WeChat Pay)는 이미 얼굴 인식 기반 결제 시스템을 상용화했으며, 수백만 명의 사용자가 오프라인 상점과 지하철 등에서 이 기술을 이용해 결제하고 있다. 일본에서는 엔이시(NEC)와 같은 기업이 비접촉식 결제 시스템을 개발하여 공항, 편의점, 대형 쇼핑몰 등에 적용하고 있으며, 유럽과 미국에서도 마스터카드(Mastercard) 및 비자(Visa) 같은 글로벌 금융 기업들이 얼굴 인식을 활용한 보안 강화 결제 설루션을 도입하고 있다(Damer, et al., 2021).

얼굴 인식 결제 시스템의 확장은 단순히 기술의 발전 때문만이 아니다. 이는 COVID-19 팬데믹 이후 비접촉 기술에 대한 수요가 증가한 것과도 연관이 깊다. 많은 소비자가 카드나 스마트폰을 터치하지 않고 결제하는 방식을 선호하면서, 생체 인증 기반의 얼굴 인식 결제가 보다 빠르게 도입되고 있다. 이를 통해 공공장소에서의 위생 문제를 해결하는 동시에, 결제 과정의 효율성을 높일 수 있다는 점이 주요한 장점으로 부각되고 있다(Nguyen, et al., 2021).

얼굴 인식 결제 시스템의 핵심 요소

얼굴 인식 결제 시스템은 속도보다는 가능한 최상의 정확도를 제공하는 대용량 인식 모델을 활용하며, 보안성이 가장 중요한 요소로 작용한다. 출입 관리 시스템에서는 인증 속도가 중요한 반면, 금융 거래에서는 정확도를 유지하면서도 보안성을 강화하는 것이 핵심이다. 따라서, 얼굴이 인식되지 않거나 신뢰도가 낮다고 판단될 경우, 인증을 거부하는 방식이 일반적으로 적용된다(Marasco, et al., 2011).

특히, 금융 및 결제 시스템에서 잘못된 인증이 초래할 수 있는 보안 문제는 심각한 수준이기 때문에, 단순한 얼굴 매칭 기술을 넘어 지문 인식, 비밀번호(PIN), 생체 데이터 암호화 등 다양한 보안 기술이 함께 적용된다(Ross & Jain, 2004).

1) 실시간 얼굴 분석과 데이터 처리

얼굴 인식 결제 시스템은 실시간으로 사용자의 얼굴 특징을 분석하고, 기존에 등록된 데이터와 비교하여 신원을 확인한다. 이를 위해, 딥 러닝 기반의 CNN 및 트랜스포머 모델이 활용되며, 모델이 지속적으로 학습하면서 인식 정확도를 향상하는 것이 특징이다(Shi & Jain, 2019).

2) 딥 러닝 기반의 라이브니스 검사

금융 보안 시스템에서는 사진이나 동영상을 이용한 스푸핑 공격을 방어하는 것이 필수다. 이를 위해, 눈 깜빡임 감지, 머리 움직임 분석, 적외선 센서 등을 이용한 라이브니스 검사 기술이 적용된다(Hernandez-Ortega, et al., 2020).

3) 3D 깊이 측정 카메라 활용

애플의 페이스 아이디와 같은 최신 얼굴 인식 기술은 3D

센서를 사용하여 얼굴의 입체적 구조를 분석하고, 단순한 2D 이미지 기반의 공격을 방어할 수 있도록 설계되어 있다(Damer, et al., 2021).

얼굴 인식 결제 시스템의 실용성 및 보안성

결제 시스템의 보안 중심 접근 방식은 실제 운영 사례에서도 확인할 수 있다. 예를 들어, 사용자의 헤어스타일이 급격히 변화하거나 체형이 크게 바뀌었을 경우, 출입 게이트 시스템에서는 어느 정도의 변화를 허용할 수도 있다. 하지만 결제 시스템에서는 사용자가 다시 얼굴을 등록하도록 요구하는 것이 보다 안전한 접근 방식으로 간주된다. 이는 다른 사람이 대신 인증을 시도하여 금융 사고를 유발할 가능성을 차단하기 위한 조치이다. 얼굴 인식 결제 시스템이 보다 엄격한 기준을 적용하는 것도 바로 이 때문이다(Patel, et al., 2016).

중국에서는 얼굴 인식을 활용한 ATM 인출 시스템이 도입되었으며, 사용자가 카드를 삽입하지 않고도 얼굴을 통해 현금을 인출할 수 있다. 또한 스타벅스(Starbucks China) 및 케이에프시(KFC) 등의 글로벌 브랜드는 스마일 투 페이[Smile to Pay(웃으면 결제되는 시스템)]를 적용하여, 사용자가 별도의 카드나 스마트폰 없이 얼굴만으로 결제를 진행할 수 있도록 하고 있다(Mozur, 2019).

미국의 공항 및 보안 기관에서는 얼굴 인식을 이용한 신원 인증 시스템과 결제 시스템을 결합하여, 출입국 심사와 면세점 결제를 동시에 진행할 수 있도록 하는 실험적인 시도도 이루어지고 있다. 유럽에서는 스페인의 카이샤은행(CaixaBank)과 같은 금융 기관이 얼굴 인식 기반 ATM을 운영하고 있으며, 고객이 카드나 비밀번호 없이도 본인 확인을 통해 금융 서비스를 이용할 수 있도록 하고 있다(Feldstein, 2019).

얼굴 인식 결제 시스템의 미래 전망

얼굴 인식 결제 시스템은 단순한 결제 수단을 넘어 다양한 인증 시스템과 통합되는 방향으로 발전하고 있다. 이미 여러 국가에서 얼굴 인식을 통한 탑승권 인증, 호텔 체크인, 온라인 계정 로그인 등으로 활용 범위를 확대하고 있으며, 향후에는 금융 서비스뿐만 아니라 디지털 신원 확인(Digital Identity Verification) 및 블록체인 기반 생체 인증과도 결합될 가능성이 높다(Jain, et al., 2016).

높은 보안성과 사용자 편의성을 동시에 제공해야 하는 얼굴 인식 결제 시스템은 앞으로도 지속적인 기술 개선이 필요하며, 글로벌 금융 및 IT 기업들이 적극적으로 개발을 추진하고 있는 분야 중 하나다. 향후에는 보다 정교한 알고리즘과 보안 기술이 결합되면서, 얼굴 인식 결제 시스템이 더욱 안정적이고 편리한 방식으로 발전할 것으로 예상한다.

참고문헌

Damer, N., et al.(2021). Masked face recognition: Human vs. machine performance. *IEEE transactions on information forensics and security.*

Feldstein, S.(2019). The global expansion of AI surveillance. *Carnegie endowment for international peace.*

Hernandez-Ortega, J., et al.(2020). Biometric presentation attack detection: Beyond the visible spectrum. *IEEE access.*

Jain, A. K., et al.(2016). 50 years of biometric research: Accomplishments, challenges, and opportunities. *Pattern recognition letters.*

Marasco, E., et al.(2011). Combining biometric matchers for improved verification performance. *IEEE transactions on information forensics and security.*

Mozur, P.(2019.4.14). One month, 500,000 face scans: How china is using AI to profile a minority. *The New York Times.*

Ross, A. & Jain, A. K.(2004). Multimodal biometrics: An overview. *IEEE signal processing magazine.*

Shi, X. & Jain, A. K.(2019). DocFace+: ID document to selfie matching. *IEEE transactions on biometrics, behavior, and identity science.*

06
보안 위협과 취약점

얼굴 인식 기술은 게이트 인식, 결제 등 여러 분야에 폭넓게 활용되기 때문에 다양한 공격에 노출되어 있다. 이러한 공격은 얼굴 인식의 실제 응용에 큰 장애물이 된다. 이러한 얼굴 인식 분야에 존재하는 보안 위협 유형들과 일반적인 해결 방안에 대해 논의한다.

AI와 야구?

얼굴 인식 보안 위협 유형

현 세대 얼굴 인식 시스템에서는 크게 두 가지 유형의 보안 위협이 존재한다. 하나는 사진이나 태블릿 등의 얼굴을 통하여 얼굴 인식을 시도하는 스푸핑 공격과, 현대 생성 모델을 활용하여 다른 사람의 얼굴을 덮어씌우는 딥페이크(DeepFake) 공격이 그것이다. 스푸핑 공격은 공격자가 사진, 동영상, 혹은 디지털 기기 화면을 이용하여 시스템을 속이려는 시도다. 예를 들어, 고해상도 사진을 출력하여 카메라 앞에 배치하거나, 디지털 디스플레이에 타인의 얼굴 영상을 띄워 인증 과정을 우회하려는 방식이 있다. 최근 연구에서는 3D 마스크나 실리콘 얼굴 모형을 활용한 고도화된 스푸핑 공격 사례도 보고되고 있으며, 기존의 2D 기반 안티 스푸핑(Anti-spoofing) 기법으로는 방어하는 데 한계가 있다(Chingovska, et al., 2012).

이를 방어하기 위해 라이브니스 검사 기술의 도입이 필요하며, 사용자의 얼굴 움직임, 피부 질감 분석, 적외선 센서 활용 등의 방식이 연구되고 있다(Shao, et al., 2020).

두 번째 유형의 위협은 딥페이크 공격으로, 이는 현대 인공지능 기술, 특히 생성 모델(Generative Models)을 활용하여 타인의 얼굴을 조작하는 방식이다. 기존의 단순한 사진 변조와 달리, 딥페이크 기술은 얼굴 특징을 실시간으로 분석하고 변환할 수 있어 더욱 정교한 공격이 가능하다.

이러한 기술은 주로 생성적 적대 신경망(GAN, Generative Adversarial Network)을 기반으로 작동하며, 특히 최근에는 StyleGAN(Karras, et al., 2019)이나 확산 모델(Diffusion Medel)(Ho, et al., 2020)과 같은 발전된 알고리즘이 사용되고 있다. 공격자는 이러한 기술을 활용하여 특정 인물의 얼굴을 영상에 자연스럽게 합성할 수 있으며, 이를 통해 신원 도용이나 보안 시스템 우회를 시도할 수 있다. 이러한 보안 위협에 대응하기 위해 다양한 연구가 진행되고 있다. 스푸핑 공격을 막기 위한 심층 신경망 기반 라이브니스 검사 기법(George, et al., 2019)이나, 딥페이크 탐지를 위한 주파수 분석 및 미세한 픽셀 왜곡 탐지 기술(Dong, et al., 2022) 등이 대표적이다. 그러나 AI 기술의 발전 속도가 빠른 만큼, 공격 기법 역시 정교해지고 있어, 지속적인 보안 강화가 필수다.

스푸핑을 활용한 공격과 그 방어

최근 얼굴 인식 기술이 금융, 보안, 결제 시스템 등에 널리 사용됨에 따라 스푸핑 공격의 위협도 점점 커지고 있다. 특히, 고해상도 디지털 디스플레이가 일반화되면서, 공격자가 타인의 얼굴 사진이나 영상을 스마트폰, 태블릿, 혹은 고화질 OLED 패널에 띄워 인증 시스템을 속이는 방식이 점점 정교해지고 있다.

이러한 공격이 성공할 경우, 생체 인증 기반의 보안 시스템이 무력화될 수 있어 특히 금융 서비스나 기업의 보안 시스템에서 심각한 위협 요소로 작용한다. 이러한 스푸핑 공격을 방어하기 위해 크게 두 가지 기술이 연구되고 있다. 첫 번째는 라이브니스 검사, 즉 사용자가 실제로 살아 있는지 확인하는 기술이며, 두 번째는 딥 러닝 기반의 안티 스푸핑 기법이다.

라이브니스 검사는 사용자의 얼굴이 단순한 정적인 이미지가 아니라 실제 사람임을 판별하는 기법으로, 일반적으로 생체 신호 분석을 활용한다. 가장 흔한 방식으로는 사용자가 화면의 지시에 따라 고개를 특정 방향으로 돌리거나, 눈을 깜빡이는 등의 무작위 동작을 수행하도록 유도하여 실제 사용자 여부를 판별하는 방법이 있다. 또한, 적외선 카메라를 활용해 사용자의 피부 톤 변화를 분석하거나, 얼굴의 혈류 패턴을 측정하여 가짜 영상과 실제 얼굴을 구별하는 방법도 있다. 최근에는 딥 러닝을 활용하여 미세한 얼굴 움직임이나 피부 질감의 차이를 분석하는 기술이 도입되고 있으며, 모바일 환경에서도 실시간 처리가 가능할 정도로 발전하고 있다. 일반적인 얼굴 인식에서는 56개의 주요 특징점(눈, 코, 입 등)을 활용하지만, 보다 정교한 라이브니스 검사를 위해서는 얼굴 윤곽, 눈썹, 볼, 턱선 등 수십에서 수백에 이르는 특징점의 분석이 필요하다. 대표적인 오픈 소스 설루션 중 하나인 미디어파이프(MediaPipe)는 최대 468개의 얼굴 특징점을 제공하여, 정밀한 얼굴 분석이 가능하도록 지원한다. 이는 단순한 얼굴 인식뿐만 아니라, 얼굴 필터, 증강 현실(AR, Augmented Reality) 애플리케이션, 얼굴 보정 서비스 등 다양한 영역에서도 활용된다.

딥 러닝 기반 안티 스푸핑 기술은 단순히 라이브니스 검사를 수행하는 것이 아니라, 공격자의 조작 가능성을 사전에 탐지하는 역할을 한다. 최근 연구에서는 GAN을 활용한 딥페이크 영상이 미세한 픽셀 왜곡이나 고주파 특성을 가진다는 점에 주목하여, 이를 탐지하는 주파수 기반 분석 기법이 개발되고 있다. 또한, 머신 러닝을 이용해 실제 사용자의 얼굴 데이터와 위조된 얼굴 데이터 간의 차이를 학습하여 스푸핑 공격을 탐지하는 방법도 연구되고 있다. 영상 내 반사광이나 그림자의 왜곡을 분석하여 화면에 띄운 얼굴 영상과 실제 얼굴 간의 차이를 찾아내는 기술 역시 중요한 역할을 한다.

이와 같은 안티 스푸핑 기술들은 현재 스마트폰의 얼굴 인식 시스템뿐만 아니라, 결제 인증, 출입 관리, 온라인 신원 확인 등의 다양한 분야에서도 활용되고 있다. 최신 연구들은 경량화된 모델을 적용하여 모바일 환경에서도 실시간 탐지가 가능하도록 발전하고 있으며, 특히 퀄컴(Qualcomm)과 애플의 최신 스마트폰 칩셋에서는 이러한 기능이 기본적으로 탑재되고 있다.

스푸핑을 활용한 공격과 그 방어

라이브니스 검사는 이론적으로 높은 수준의 스푸핑 공격을 방어할 수 있는 핵심 기술이며, 따라서 일반적인 얼굴 인식 기반 결제 및 인증 시스템에서는 반드시 요구되는 기능 중 하나다. 하지만 이러한 라이브니스 검사 기능은 사용자에게 특정 동작을 강요하기 때문에, 사용자 경험 측면에서는 가능하면 제거하고 싶은 요소로 간주된다. 그러나 보안성 확보를 위해서는 필수적으로 포함될 수밖에 없는 기능이며, 이에 따라 라이브니스 검사의 비중을 최대한 줄일 수 있는 안티 스푸핑 기술이 활발히 연구되고 있다.

안티 스푸핑 기술이 해결해야 할 중요한 문제 중 하나는 디지털 기기의 해상도 증가에 따른 방어 전략의 복잡성이다. 태블릿이나 고해상도 디스플레이가 발전하면서, 단순한 이미지 기반의 방어 기술로는 점점 더 정교해지는 스푸핑 공격을 탐지하기가 어려워지고 있다. 이를 해결하기 위해서는, 예를 들어 태블릿 화면을 촬영할 때 발생하는 무아레 패턴(Moire Pattern)과 같은 미세한 차이를 탐지해야 한다. 하지만 이론적으로 이러한 문제들은 정확한 해답을 찾기 어려운 잘못 설정된(Ill-posed) 문제로 분류된다. 실제 사람의 눈으로 보는 것과 동등한 해상도로 촬영된 이미지는 단순히 이미지 데이터만으로는 스푸핑 여부를 판별하는 것이 불가능할 수도 있다.

이러한 문제를 해결하는 가장 일반적인 방법 중 하나는 아이폰의 페이스 아이디와 같은 깊이 측정 카메라를 활용하는 것이다. 깊이 측정 카메라는 3D 정보를 분석하여, 2D 평면 이미지와 실제 얼굴을 구별할 수 있도록 돕는다. 이를 통해 태블릿이나 디지털 디스플레이를 이용한 스푸핑 공격을 원천적으로 차단할 수 있으며, 실제로 많은 스마트폰 제조업체들은 깊이 측정 카메라를 활용하여 신형 기기의 얼굴 인식 시스템 보안성을 강화하고 있다.

그러나 깊이 측정 카메라 기반의 방법에는 여러 가지 한계가 있다. 여전히 많은 국가에서 구형 스마트폰이 널리 사용되고 있으며, 앱 기반 얼굴 인증 시스템이 이러한 구형 기기에서도 작동해야 한다. 이처럼 2D 이미지를 기반으로 한 안티 스푸핑 기술을 사용해야만 하는 경우가 많다.

깊이 측정 카메라 외에도, 최근 연구된 방법 중 하나는 온도 측정 카메라(Thermal Infrared, IR)를 활용하는 것이다. 실제 사람의 얼굴은 일정한 체온을 유지하므로, 적외선 카메라를 이용하여 얼굴의 온도 분포를 분석하면, 실제 얼굴과 스푸핑 공격(예: 사진, 동영상, 실리콘 마스크 등)을 구별할 수 있다. 특히 COVID-19 팬데믹 기간 동안 정부 차원에서 온도 측정 카메라 사용을 강제한 사례가 많았기 때문에, 이를 활용한 안티 스푸핑 기술 연구도 활발히 진행되었다. 그러나 이 방식은 높은 해상도의 IR 카메라가 필요하며, 고해상도 IR 카메라는 가격이 비싸기 때문에 일반적인 스마트폰 기반 얼굴 인증 시스템에는 적용하기 어렵다는 단점이 있다.

이러한 이유로 인해, 여전히 입력되는 2D 이미지 데

이터를 기반으로 한 안티 스푸핑 모델의 개발이 필수다. 현재 대부분의 학계 연구는 2D 이미지를 활용한 스푸핑 방어 기법에 집중되고 있으며, 최신 연구에서는 다양한 데이터 세트에서 90% 이상의 높은 정확도를 기록하고 있다(Liu, 2019). 하지만 이러한 모델들도 여전히 촬영 환경과 스푸핑 공격 방식에 따라 성능이 달라지는 문제가 있으며, 완전한 해결책이 되기에는 부족한 부분이 많다. 따라서 현재로서는 안티 스푸핑 모델을 단독으로 사용하기보다는, 라이브니스 검사 등 다른 보안 기술과 함께 결합해 활용하고 있는 상황이다.

딥페이크 모델의 방어

2017년 이후 GAN(Liu, et al., 2017)을 비롯한 여러 생성형 모델이 발전하기 시작하면서, 딥페이크 기술 역시 본격적으로 개발되었다. 최근에는 스테이블 디퓨전(Stable Diffusion)(Rombach, et al., 2022), DALL-E(Ramesh, et al., 2021) 등과 같은 디퓨전(Diffusion) 기반 생성 모델이 등장하면서, 합성 이미지 및 영상의 품질이 크게 향상되고 있는 상황이다. 이러한 딥페이크 모델은 가짜 뉴스(Fake News) 및 미디어 조작 등의 여러 사회적 문제를 야기할 뿐만 아니라, 생체 인증 분야에서도 스푸핑 공격과 함께 중요한 보안 위협으로 떠오르고 있다. 실제로 중국에서는 딥페이크 모델을 활용하여 수십억 위안에 달하는 세금을 탈루하는 등의 실질적인 금융 범죄 사례가 보고되고 있으며, 이는 얼굴 인식을 이용한 보안 시스템에도 큰 위협이 될 수 있다(Chen, et al., 2023).

딥페이크 모델을 활용한 공격은 일반적인 라이브니스 검사, 깊이 측정 카메라, 적외선 온도 측정 카메라(Thermal IR Camera) 등의 하드웨어 기반 보안 기술을 적용하여 방어할 수 있다. 하지만 이러한 물리적 방어 기술이 적용되지 않는 경우, 딥페이크 기반의 위조 얼굴을 탐지하기 위한 이미지 분석 기반 방어 기법이 필수다. 따라서 이 장에서는 이미지 데이터를 활용한 딥페이크 탐지 방법에 대해 살펴본다.

딥페이크 기술은 크게 두 가지 방식으로 분류된다. 첫 번째는 특정 인물의 얼굴을 다른 사람에게 덧씌우는 페이스 스와프[Face Swap(얼굴 교체)] 기술이며, 두 번째는 AI가 아예 새로운 얼굴을 생성하는 방식이다. 페이스 스와프 방식의 경우, 초기에는 눈이 바라보는 방향과 얼굴 각도의 불일치, 얼굴이 합성된 경계 부분의 미묘한 피부색 차이, 광원의 불일치 등의 시각적 단서를 활용하여 탐지하는 기술이 사용되었다(Li, et al., 2019). 그러나 스와핑(Swapping) 기술이 발전하면서 이러한 시각적 불일치는 점점 줄어들고 있으며, 특히 이미지를 완전히 새롭게 생성하는 방식을 활용할 경우, 기존의 방식으로는 위조 여부를 판별하기가 더욱 어려워지고 있다. 이에 따라 최근에는 사람이 눈으로 구별할 수 없는 미세한 특징을 딥 러닝 모델을 활용하여 찾아내는 탐지 기법이 주요하게 연구되고 있다.

현재 사용되는 생성 모델은 기본적으로 합성곱 신경망 기반의 필터링 과정을 거치기 때문에, 눈에는 보이지 않는 미세한 구조적 패턴이 남게 된다. 이러한 패턴은 이미지의 주파수 영역 분석을 통해 탐지할 수 있으며, 일반적으로 생성 모델의 구조에 따라 특정한 주파수 성분으로 표현된다(Durall, et al., 2020). 예를 들어, GAN을 활용하여 생성된 이미지에서는 고주파(High-frequency) 영역에서 특정한 인위적인 패턴이 발견될 수 있으며, 이를 활용하여 딥페이크 이미지를 탐지하는 연구가 활발하게 진행되고 있다(Zhang, et al., 2021).

딥페이크 기술이 발전함에 따라, 단순한 시각적 차이를 찾는 방식은 점점 어려워지고 있으며, 대신 주파수 분석, 신경망 기반 탐지 모델, 물리적 보안 기법의 결합을 통한 복합적인 방어 기법이 필요해지고 있다.

참고문헌

Chen, J., et al.(2023). Deepfake in financial fraud: Case studies and countermeasures. *Journal of cybersecurity research.*

Chingovska, I., et al.(2012). On the effectiveness of local binary patterns in face anti-spoofing. *BIOSIG.*

Dong, J., et al.(2022). Towards robust deepfake detection: A frequency-based approach. *CVPR.*

Durall, R., et al.(2020). Watch your up-convolution: CNN-based generative deep neural networks are failing to reproduce spectral distributions. *CVPR.*

George, A. & Marcel, S.(2019). Deep pixel-wise binary supervision for face presentation attack detection. *ICCV.*

Ho, J., et al.(2020). Denoising diffusion probabilistic models. *NeurIPS.*

Karras, T., et al.(2019). A style-based generator architecture for generative adversarial networks. *CVPR.*

Li, Y., et al.(2019). Exposing deepfake videos by detecting face warping artifacts. *CVPR workshop on media forensics.*

Liu, Y., et al.(2017). Generative adversarial networks: A comprehensive review. *IEEE transactions on pattern analysis and machine intelligence.*

Liu, Y., et al.(2018). Learning deep models for face anti-spoofing: Binary or auxiliary supervision. *IEEE Transactions on Information Forensics and Security.*

Liu, Y., et al.(2020). Learning deep models for face anti-spoofing: Binary or auxiliary supervision. *TPAMI.*

Lugaresi, D., et al.(2019). Mediapipe: A framework for perceiving and processing reality. *ArXiv preprint.*

Patel, K., et al.(2016). Cross-database face antispoofing with robust feature representation. *Asian conference on computer vision(ACCV).*

Ramesh, A., et al.(2021). Zero-shot text-to-image generation. *ICML.*

Rombach, R., et al.(2022). High-resolution image synthesis with latent diffusion models. *CVPR.*

Shao, R., et al.(2020). Regularized fine-grained meta face anti-spoofing. *ECCV.*

Wang, Y., et al.(2018). Facial reflection and shadow analysis for anti-spoofing. *CVPR.*

Zhang, H., et al.(2021). Frequency-based deepfake detection: A review and benchmark. *NeurIPS.*

07
얼굴 인식과 개인 정보 보호

얼굴 인식 기술은 그 특성상 개인 정보와 밀접하게 연관되어 있어 사법적인 위험성을 내포하고 있다. 이 장에서는 개인 정보를 침해하지 않으면서 이 기술을 안전하게 개발하고 활용하기 위한 다양한 방법을 소개한다.

AI와 윤동주?

얼굴 인식 데이터와 개인 정보

얼굴 인식에 쓰이는 데이터는 본질적으로 강한 수준의 개인 정보를 포함하고 있다. 이러한 특성 때문에, 대부분의 얼굴 데이터 세트는 학술적 사용을 전제로 하여 문제의 소지가 적은 유명인의 얼굴을 수집 대상으로 하는 경향이 있다(Yang, et al., 2016). 이러한 특징은 얼굴 데이터 세트를 활용하여 생성형 모델을 학습할 경우, 생성된 얼굴들에서 미남 미녀의 비율이 높게 나타나는 원인이 되기도 한다. 이러한 데이터 편향성 문제는 후속 장에서 별도로 논의할 예정이다. 물론, 이러한 데이터 세트 역시 원칙적으로 상업적 용도로 사용하는 것은 금지되어 있다.

상업적 용도로 얼굴 데이터를 활용하기 위해서는 기본적으로 초상권 및 개인 정보 제공에 대한 본인의 동의가 필요하다. 실제로 국내외의 데이터 제작 및 레이블링 전문 업체들은 일정한 인력 풀을 확보하고 있으며, 해당 참여자로부터 동의를 받은 후 데이터를 활용한다. 이는 얼굴 인식 모델을 상업적 서비스에서 활용하기 위해 반드시 준수해야 하는 절차이며, GDPR(General Data Protection Regulation)과 같은 개인 정보 보호 규정에서도 이러한 동의 절차를 엄격히 요구하고 있다(Voigt

& Von dem Bussche, 2017).

이와 관련하여 중요한 기술적 논의 중 하나는 얼굴 인식 모델이 학습한 원본 이미지를 복원할 수 있는지 여부다. 일반적으로 얼굴 인식 모델은 얼굴을 벡터 임베딩(Vector Embedding) 형태로 변환하여 저장하며, 해당 벡터를 직접 원본 이미지로 복원하는 것은 현실적으로 어렵다는 것이 학계의 정설이다(Fredrikson, et al., 2015). 하지만 시스템적인 해킹이나 모델 역공학(Reverse Engineering)을 통한 공격 가능성은 여전히 존재하며, 이는 보안 연구자들 사이에서 중요한 논점이 되고 있다.

이론적으로 완전한 개인 정보 보호를 보장하기 위해, 차분 보호(Differential Privacy) 기법이 연구되고 있으며, 이는 모델 학습 과정에서 데이터 노출을 최소화하는 방안을 제공한다(Dwork, et al., 2014). 하지만 현재로서는 차분 보호 기법이 얼굴 인식 모델에 완전히 적용되기까지 몇 가지 기술적 장벽이 존재하며, 상용화되기까지는 추가적인 연구가 필요하다는 평가를 받고 있다.

법적인 논쟁 이슈

얼굴 인식 모델의 활용은 데이터 세트의 특성상 여전히

논쟁의 대상이 되고 있다. 동아시아 지역에서는 얼굴 인식 시스템이 상대적으로 자유롭게 사용되고 있는 반면, 유럽 연합(EU)에서는 실제 얼굴 데이터를 활용하여 학습된 얼굴 인식 시스템의 사용이 법적으로 금지되어 있으며, 북미 지역에서도 유사한 규제가 적용되고 있다(Goodman & Flaxman, 2017). 특히, GDPR과 같은 개인 정보 보호법에 따라, 명확한 동의 없이 생체 정보를 수집하고 활용하는 것은 불법으로 간주되며, 이러한 규제는 미국의 일부 주(예: 일리노이주 BIPA, Biometric Information Privacy Act)에서도 강력하게 적용하고 있다(Kang, et al., 2022).

또한, 얼굴 인식 모델이 서버 기반으로 운영되는 경우, 사용자의 얼굴 데이터가 타사의 서버에 저장될 가능성이 있어 개인 정보 보호 문제가 발생할 수 있다. 현재 많은 기업들이 이용 약관을 통해 데이터 관리에 대한 사전 동의를 받고 있지만, 여전히 데이터 유출 및 오남용 가능성을 우려하는 주장들이 제기되고 있다(Whittaker, et al., 2021). 이러한 이유로, 기업들은 로컬 디바이스에서 얼굴 데이터를 처리하는 온디바이스 얼굴 인식(On-device Face Recognition) 기능을 적극 도입하고 있으며, 애플의 페이스 아이디처럼 서버에 얼굴 데이터를 저장하지 않고 기기 내부에서 처리하는 방식이 점점 선호되고 있다.

이러한 개인 정보 보호 문제는 생성 모델에서도 논란이 되고 있다. 생성 모델은 확률적 방식으로 데이터를 생성하기 때문에, 학습 데이터가 그대로 출력되는 경우는 없다는 것이 일반적인 해석이지만, 실제로는 특정한 학습 데이터와 매우 유사한 얼굴이 생성되는 경우도 보고되고 있다(Somepalli, et al., 2023). 이는 생성 모델이 학습 데이터의 특성을 일반화하는 대신, 일부 데이터를 그대로 재현할 가능성이 있다는 점에서 저작권 및 개인 정보 보호 문제와 연결될 수 있다.

반면, 최근 그록(Grok)과 같은 생성형 AI 서비스가 등장하면서, AI 모델의 사용 규제 기준이 완화될 가능성에 대한 기대도 나오고 있다. 현재의 얼굴 인식 기술이 엄격한 규제를 받고 있는 반면, 생성형 AI는 보다 완화된 검수 기준을 적용받고 있어, 이러한 추세가 얼굴 인식 기술에도 영향을 미칠지에 대해 학계에서도 관심을 가지고 논의를 이어 가고 있다(Bender, et al., 2021).

참고문헌

Bender, E. M., et al.(2021). On the dangers of stochastic

parrots: Can language models be too big?. *FAccT.*

Dwork, C., et al.(2014). The algorithmic foundations of differential privacy. *Foundations and trends in theoretical computer science.*

Fredrikson, M., et al.(2015). Model inversion attacks that exploit confidence information and basic countermeasures. *CCS.*

Goodman, B. & Flaxman, S.(2017). European union regulations on algorithmic decision-making and a "right to explanation". *AI magazine.*

Kang, J., et al.(2022). Biometric data protection and privacy regulations: A comparative study between the US and EU. *Journal of law and technology.*

Somepalli, G., et al.(2023). Can generative models memorize training data? Investigating unintended memorization in deep generative models. *NeurIPS.*

Voigt, P. & Von dem Bussche, A.(2017). *The EU general data protection regulation(GDPR): A practical guide.* Springer.

Whittaker, M., et al.(2021). Data and AI governance: Ethical considerations in biometric systems. *Journal of AI research.*

Yang, S., et al.(2016). WIDER FACE: A face detection benchmark. *CVPR.*

08
얼굴 인식 기술과 AI 편향

데이터 기반 학습을 진행하는 AI 모델의 특성상 얼굴 인식 기술에서도 데이터 편향에 따른 성능의 편향성이 존재한다. 이러한 부분을 살펴보도록 한다.

AI와 한의학?

데이터 편향과 인식 성능의 편향

얼굴 인식 데이터는 수집 과정에서 인종, 나이, 성별에 따른 데이터 편향이 발생할 가능성이 크다. 공개된 얼굴 데이터 세트는 유명인을 기반으로 수집하는 경우가 많기 때문에, 가장 많은 비율을 차지하는 인종은 백인(White)이며, 연령대 역시 20~40대 성인이 가장 많다(Buolamwini & Gebru, 2018). 반면, 실제 국내외 데이터 제공 업체를 통해 확보한 데이터 세트에서는 동북아시아인의 비율이 높으며, 흑인 및 동남아시아인의 비율이 상대적으로 낮다.

이러한 편향성은 얼굴 인식 기반 결제 서비스를 동남아시아 및 아프리카와 같은 지역에 도입할 때 문제를 초래할 수 있다. 특정 인종의 얼굴 데이터가 부족할 경우, 해당 그룹의 인식 오류율(FRR, False Rejection Rate)이 높아지기 때문이다(Klare, et al., 2012). 또한, 많은 데이터 제공 업체들이 데이터 수급의 차이에 따라 가격 차등 정책을 적용하고 있으며, 상대적으로 많은 등록 수를 보유한 인종(예: 백인, 동북아시아인)의 데이터 가격이 낮고, 등록 수가 적은 인종(예: 흑인, 동남아시아인)의 데이터 가격이 높아지는 문제가 발생하기도 한다.

나이 또한 주요한 편향 요소 중 하나다. 얼굴 데이터

중 20~40세 성인의 얼굴이 대부분을 차지하며, 이에 따라 어린아이의 얼굴 인식 정확도는 상대적으로 낮은 편이다(Dantcheva, et al., 2016). 어린이는 성인과 비교하여 이목구비가 덜 발달되어 있으며, 얼굴 구조가 빠르게 변화하기 때문에 정확한 인식이 어렵기도 하지만, 가장 큰 문제는 어린이의 얼굴 데이터를 확보하는 것이 법적, 윤리적으로 어렵다는 데 있다.

노인의 얼굴 데이터 역시 부족한 경우가 많으며, 이에 따라 고령층의 얼굴 인식 성능이 낮은 문제도 보고되고 있다(Ricanek & Tesafaye, 2006). 얼굴 인식 시스템이 보다 안정적인 성능을 유지하기 위해서는 연령별 데이터를 균형 있게 확보하는 것이 필수다. 이를 위해 기업들은 데이터 균형화(Balancing Dataset)를 위한 추가적인 수집 및 보정 작업을 수행할 필요가 있다.

데이터 편향과 생성형 AI

얼굴 데이터의 편향성은 얼굴 인식 모델의 성능 저하를 초래할 수 있으며, 보다 일반화된 생성형 AI에서는 이러한 문제가 더욱 심각하게 나타난다. 예를 들어, 특정 소수 인종의 정보를 입력했을 때 부적절한 발언이 생성되거나, 답변의 정확도가 감소하는 문제가 보고되고 있다

(Bender, et al., 2021). 이는 모델이 학습한 데이터의 불균형으로 인해 특정 그룹에 대한 정보가 상대적으로 부족하거나, 잘못된 방식으로 표현되는 문제에서 비롯된다.

이러한 문제를 해결하기 위해, 생성형 AI 분야에서는 공정성(Fairness)과 편향 완화(Bias Mitigation)를 위한 연구가 활발히 진행되고 있다(Blodgett, et al., 2020). 특히, 다양한 인종과 연령을 균형 있게 반영한 학습 데이터 세트를 구축하고, 훈련 과정에서 알고리즘이 특정 그룹을 차별적으로 인식하지 않도록 조정하는 방법론들이 개발되고 있다(Mitchell, et al., 2020).

참고문헌

Bender, E. M., et al.(2021). On the dangers of stochastic parrots: Can language models be too big?. *FAccT.*

Blodgett, S. L., et al.(2020). Language (technology) is power: A critical survey of bias in NLP. *ACL.*

Buolamwini, J. & Gebru, T.(2018). Gender shades: Intersectional accuracy disparities in commercial gender classification. *FAccT.*

Dantcheva, A., et al.(2016). Can facial cosmetics affect the matching accuracy of face recognition systems?. *IEEE biometrics theory, applications and systems.*

Klare, B. F., et al.(2012). Face recognition performance: Role of demographic information. *IEEE transactions on information forensics and security.*

Mitchell, M., et al.(2020). Model cards for model reporting. *FAccT.*

Ricanek, K. & Tesafaye, T.(2006). Morph: A longitudinal image database of normal adult age-progression. *IEEE FG.*

09
윤리적 딜레마와 사회적 영향

AI 기술의 향상, 특히 개인 정보와 밀접하게 연관된 얼굴 인식 분야의 기술은 윤리적으로 많은 논쟁의 대상이 되고 있다. 이러한 논쟁들에 대해서 소개하도록 한다.

AI와 화장품?

제기되는 윤리적 딜레마

앞서 논의한 데이터 취득 및 편향성 문제와 마찬가지로, 현재의 얼굴 인식 기술은 실제 얼굴 데이터를 바탕으로 개발되고 있으며, 이에 따른 윤리적 이슈는 기술적 논의를 넘어 사회적, 정책적 영역에서도 중요한 주제로 다뤄지고 있다. 얼굴 정보처럼 민감한 개인 정보의 사용에 대한 인식 수준에 따라 국가별로 얼굴 인식 기술의 사용이 허용되는 범위가 다르며, 일부 지역에서는 강력한 규제를 적용하고 있다(Whittaker, et al., 2021).

얼굴 인식 기술의 발전과 함께 등장한 또 다른 윤리적 문제는 사회적 통제(Surveillance & Control)와 관련된 논란이다. 대표적인 사례로 중국의 경우가 있다. 중국은 개인 정보 보호 규제 측면에서 다른 국가들보다 상대적으로 자유로운 환경에서 대규모 얼굴 데이터를 확보해 왔으며, 이를 바탕으로 세계에서 가장 정교한 얼굴 인식 시스템을 구축하고 있다(Mozur, 2019). 이러한 시스템은 AI 기반 영상 감시 시스템과 연계되어 있으며, 개인의 이동 추적 및 사회적 통제 수단으로 사용될 가능성이 제기되면서 국제적으로 우려를 낳고 있다.

이와 같은 윤리적 문제로 인해, 중국의 얼굴 인식 기술은 여러 국가에서 직접적인 사용을 금지하거나 제한하는 상황이다. 미국과 유럽 연합(EU)에서는 중국산 얼굴 인식 시스템을 정부 및 기업에서 사용하는 것을 제한하거나, 대체 기술을 모색하는 추세이며, 이는 단순한 윤리적 논의를 넘어 실제 제품의 사용성과 시장 확장성에도 영향을 미치고 있다(Feldstein, 2019). 이러한 사례는 얼굴 인식 기술의 발전이 단순한 기술적 진보로 끝나는 것이 아니라, 윤리적, 정책적 문제와 깊이 연관되어 있으며, 제품의 상업적 사용 가능성에도 영향을 미치는 요소임을 보여 준다.

학계의 변론

얼굴 인식 기술에 대한 윤리적 논란이 계속되는 가운데, 이에 대한 기술적 변론(Technical Defense)도 존재한다. 일부 연구자들은 데이터 취득 과정에서 개인 정보 및 초상권 보호 문제가 해결된다면, 얼굴 인식 기술 자체가 문제가 되는 것이 아니라 이를 운용하는 주체가 어떻게 활용하느냐가 핵심적인 문제라고 주장한다(Smith & Miller, 2020). 즉, 기술을 무조건 금지하는 것은 19세기 국기 조례처럼 시대의 발전을 저해하는 규제일 뿐이며, 중요한 것은 기술의 악용을 방지하는 적절한 관리와 감독 체계를 구축하는 것이라는 입장이다.

이러한 주장을 정당화하기 위해서는, 데이터 수집 및 활용 과정에서의 윤리적 문제를 해결할 수 있는 신기술의 발전이 필수다. 학계에서도 개인 정보 보호를 강화하면서도 얼굴 인식 기술을 활용할 수 있도록, 프라이버시 강화 머신 러닝(PPML, Privacy-preserving Machine Learning), 연합 학습(Federated Learning), 암호화된 얼굴 인식(Encrypted Face Recognition) 등의 기술을 활발히 연구하고 있다(Shokri & Shmatikov, 2015). 이러한 기술들은 데이터를 직접 저장하거나 중앙 서버에 전송하지 않고도 얼굴 인식을 가능하게 하며, 데이터의 오남용 가능성을 줄이는 데 기여할 것으로 기대된다.

기술이 윤리적 문제를 해결할 수 있도록 진화하는 과정에서, 연구자들은 새로운 보안 기술을 개발하고, 공정성 및 편향성 문제를 해결하는 동시에, 정책 및 법률적 논의에도 적극적으로 참여해야 한다. 단순히 기술을 금지하는 것이 아니라, 이를 안전하게 운용할 수 있는 방안을 마련하는 것이 보다 현실적인 해결책이라는 입장이 점점 더 부각되고 있다.

참고문헌

Feldstein, S.(2019). The global expansion of AI surveillance.

Carnegie endowment for international peace.

Kairouz, P., et al.(2021). Advances and open problems in federated learning. *Foundations and trends in machine learning.*

Mozur, P.(2019.4.14). One month, 500,000 face scans: How china is using AI to profile a minority. *The New York Times.*

Shokri, R. & Shmatikov, V.(2015). Privacy-preserving deep learning. *CCS.*

Smith, J. & Miller, K.(2020). The ethics of facial recognition: Balancing security and privacy. *AI & society.*

Whittaker, M., et al.(2021). Data and AI governance: Ethical considerations in biometric systems. *Journal of AI research.*

10
얼굴 인식 기술의 미래 전망

얼굴 인식 기술은 성능의 예시 외에도 다양한 부분에서 보완이 필요하다. 지금까지의 논의 사항을 바탕으로 앞으로 얼굴 인식 기술이 발전할 방향에 대해서 논의하도록 한다.

종교와 AI?

얼굴 인식 분야의 향후 보완 방향

현재 상용화된 얼굴 인식 모델의 측정 정확도는 매우 높은 수준에 도달해 있으며, 100만 명 이상의 대규모 서비스를 운영할 수 있을 정도로 실용성이 입증된 상태다(Schroff, et al., 2015). 그러나 얼굴 인식 시스템은 실제 취득된 얼굴 데이터에 의존하는 특성이 있기 때문에, 개인 정보 보호 규제가 엄격한 유럽 연합(EU) 등 여러 국가에서는 사용이 제한되고 있다(Voigt & Von dem Bussche, 2017). 이러한 법적 제약으로 인해, 얼굴 인식 기술이 지속적으로 발전하기 위해서는 실제 얼굴 데이터에 의존하지 않는 인식 모델을 개발하는 것이 가장 중요한 과제로 떠오르고 있다.

이 문제를 해결하기 위해, 이전부터 언리얼 엔진과 같은 3D 그래픽 툴을 활용하여 인공적으로 생성한 얼굴 데이터 세트를 활용하는 연구가 진행되어 왔다(Wood, et al., 2021). 그러나 3D 모델로 제작된 얼굴은 실제 인간의 얼굴과 상당한 차이를 보이며, 현실적인 다양성이 부족하다는 문제가 있다. 생성형 AI를 이용하여 생성한 얼굴 데이터를 활용하려는 시도도 있지만, 앞서 논의한 데이터 편향성 문제로 인하여 실제 취득한 얼굴 데이터에 비해 다양성이 떨어지는 한계가 있다(Somepalli, et al.,

2023).

무엇보다 생성형 모델을 이용한 얼굴 데이터 역시 원본 학습 데이터에서 파생된 것이므로, 개인 정보 보호 문제에서 법적으로 완전히 자유롭다고 보기 어렵다. 따라서, 얼굴 인식 분야에서는 객체의 형태와 상관없는 추상적인 패턴 기반 데이터, 혹은 퍼즐 조각처럼 얼굴의 각 부위를 변형하여 개인 정보 문제를 최소화하는 방식을 연구하는 시도도 진행되고 있다(Deb, et al., 2018).

이러한 연구가 현재 실제 얼굴 데이터를 기반으로 학습한 모델과 비슷한 수준의 성능을 갖추게 되는 시점에, 얼굴 인식 기술은 한층 더 실용성과 확장성을 확보할 수 있을 것으로 기대된다.

참고문헌

Deb, D., et al.(2018). Unconstrained face recognition using synthetic training data. *IJCB*.

Schroff, F., et al.(2015). FaceNet: A unified embedding for face recognition and clustering. *CVPR*.

Somepalli, G., et al.(2023). Can generative models memorize training data? Investigating unintended memorization in deep generative models. *NeurIPS*.

Voigt, P. & Von dem Bussche, A.(2017). *The EU general data protection regulation(GDPR): A practical guide*. Springer.

Wood, E., et al.(2021). Fake it till you make it: Face analysis in the wild using synthetic data alone. *ICCV.*

유영준

중앙대학교 AI학과 조교수이며, ㈜스누아이랩의 최고연구책임자(Chief Research Officer)를 담당하고 있다. 2007년 서울대학교 전자과 학부 입학 이후 2011년 동 대학원에 입학, 2017년 박사 학위를 취득했다. 이후 서울대학교 융합과학기술원 연구원(Post-Doctor) 재임 이후 네이버 클로바 AI 조직에서 이미지 비전 팀을 리딩하며 FaceSign, eKYC, GreenEye, 생성형 이미지 서비스 등 다양한 서비스들의 모델 개발을 리드했다(2018~2023). 현재 비전 및 이론 분야를 중심으로 AI 분야의 최상위 학술 대회(Top-tier Conference) 논문 14편을 포함, 도합 20여 편의 논문을 최상위 학술 대회 및 저널에 게재한 실적을 보유하고 있다.